AF322606

10 ÉTAPES POUR UNE MARQUE PERSONNELLE PUISSANTE

10 étapes pour une marque personnelle puissante

Démarquez-vous et réussissez

B. VINCENT

QuantumQuill Press

CONTENTS

Introduction

Déterminer l'image de marque personnelle : À l'ère contemporaine caractérisée par une concurrence rapide et intense, l'image de marque personnelle est apparue comme un élément indispensable pour réussir. L'image de marque personnelle intègre non seulement le développement d'un logo accrocheur ou d'un slogan poignant, mais également un reflet authentique de l'identité, des valeurs et de la personnalité publique d'une personne. C'est le processus intentionnel et stratégique consistant à influencer les perceptions personnelles et professionnelles des autres. Votre marque personnelle consiste en une fusion singulière de vos réalisations, forces, valeurs et aspirations, qui vous distinguent des autres dans votre secteur. En comprenant et en délimitant sa marque personnelle, on acquiert de la lucidité quant à son identité, son objectif et sa trajectoire, établissant ainsi une base solide pour l'atteinte des objectifs et la différenciation dans un marché saturé. Dans ce livre, nous explorerons plus en détail les subtilités de la marque personnelle et vous fournirons des stratégies pratiques pour développer une marque solide et authentique qui se connecte avec votre public cible et stimule vos réalisations. Par conséquent, commençons cette expédition de changement de paradigme en comprenant dans un premier temps l'importance profonde de l'image de marque personnelle et son caractère indispensable au développement personnel et professionnel de chacun.

L'importance de l'image de marque personnelle devient évidente lorsque l'on tente de se distinguer parmi le vaste océan d'entrepreneurs et de professionnels. Cependant, dans une société où l'attention est limitée, établir une marque personnelle solide n'est pas qu'une simple option ; c'est un indispensable. Votre marque personnelle fonctionne comme une représentation de votre réputation, de votre carte de visite et de votre engagement envers le monde. C'est ce qui établit une position unique sur le marché, facilite l'accès à des prospects inexploités et vous différencie en tant qu'autorité dans votre domaine. En plus d'attirer des clients, des collaborateurs et des évolutions de carrière, une marque personnelle habilement construite peut inspirer confiance au public et établir sa crédibilité. En plus de favoriser la réussite professionnelle, la marque personnelle établit un lien entre les actions de chacun et sa véritable personnalité, favorisant ainsi un sentiment de satisfaction et d'authenticité. Fondamentalement, la marque personnelle vous donne la possibilité de dicter votre propre histoire, d'influencer les perceptions des autres et d'avoir un impact durable sur tous ceux que vous croisez. Gardez à l'esprit qu'au moment où nous commençons cet effort de collaboration, allouer des ressources à votre marque personnelle signifie plus qu'une simple auto-promotion ; il favorise l'autonomisation et établit un héritage durable qui incarne authentiquement votre essence. Par conséquent, penchons-nous sur l'impact profond que la marque personnelle peut avoir et dévoilons les opportunités illimitées qu'elle présente pour vos réalisations à venir.

La structure en dix étapes : cette œuvre littéraire contient un guide stratégique pour construire une formidable marque personnelle, une marque qui respire l'authenticité, la lucidité et l'influence. À chaque phase du parcours de marque personnelle, notre cadre en dix étapes vise à vous fournir des stratégies pratiques, des exercices stimulants et des informations exploitables. Chaque étape du processus, y compris l'établissement de votre identité de marque, la capitalisation des plateformes en ligne, la mise en réseau efficace et le raffinement de votre expertise, a été méticuleusement conçue pour vous aider à atteindre toutes vos capacités et à vous distinguer dans un marché saturé. En employant cette approche méthodique, on peut établir une trajectoire claire à respecter, facilitant les progrès systématiques et permettant la mise en œuvre d'une évaluation des progrès. Que vous soyez un professionnel établi cherchant à élever votre marque ou un aspirant entrepreneur essayant d'établir votre niche, ce cadre peut être modifié en fonction de vos objectifs et de votre situation spécifiques. Par conséquent, alors que nous entamons cette expédition mutuellement transformatrice, ayez confiance dans le processus, accueillez les obstacles qui peuvent surgir et envisagez la formidable marque personnelle qui se profile à l'horizon. Commençons et entreprenons le premier pas vers la réalisation de nos plus grandes capacités.

Raisons pour lesquelles ce livre est important : Vous vous demandez peut-être, dans un monde inondé de guides d'auto-assistance et de didacticiels en ligne, ce qui distingue ce livre. La solution peut être trouvée dans sa méthodologie complète, ses observations pragmatiques et ses tactiques réalisables personnalisées explicitement pour construire une formidable marque personnelle. Contrairement aux orientations générales qui garantissent des résultats immédiats et une prospérité instantanée, ce livre présente un plan global fermement ancré dans des recherches empiriques, des connaissances pratiques et des exemples tangibles. Il ne suffit pas de simplement discuter de théorie ; des résultats concrets sont également cruciaux. De plus, il est reconnu dans ce livre que l'image de marque personnelle n'est pas une entreprise universellement applicable. Que vous vous identifiiez comme introverti, extraverti, indépendant ou professionnel d'entreprise, les principes décrits dans cet article possèdent la flexibilité nécessaire pour s'adapter à votre personnalité, votre situation et vos objectifs distincts. En consacrant votre temps et vos efforts à la lecture de ce livre, vous réalisez un investissement financier dans votre avenir. Vous vous lancez dans un voyage de transformation, axé sur la croissance et la découverte de soi, un voyage qui pourrait avoir un impact significatif sur votre vie, vos relations et votre trajectoire professionnelle. Par conséquent, si vous êtes prêt à progresser vers l'atteinte de vos capacités maximales et à vous distinguer dans un environnement concurrentiel, ce livre vous servira de compagnon fiable tout au long de ce processus. Ensemble, nous commencerons cet effort et exploiterons le potentiel de votre marque personnelle.

Invite à l'action : après avoir établi les bases et le cadre de votre projet de marque personnelle, le moment présent exige que vous entamiez le processus. En parcourant les prochains chapitres, je vous exhorte à aborder chaque concept avec un état d'esprit réceptif et prêt à affronter vos limites. À la lumière de votre parcours personnel, de vos forces et de vos ambitions, évaluez dans quelle mesure ils correspondent aux principes exposés dans cette œuvre littéraire. C'est la mise en œuvre pratique de ces connaissances, et non la simple acquisition, qui entraîne une transformation significative. Par conséquent, lorsque vous rencontrez des stratégies pratiques et des exercices intellectuellement stimulants, ne vous contentez pas de les absorber passivement ; participez-y activement, intégrez-les à votre routine. Chaque action que vous entreprenez, comme affiner le récit de votre marque, optimiser votre empreinte numérique ou élargir votre cercle social, fait progresser votre trajectoire vers l'actualisation de vos plus grandes capacités et la construction d'une formidable marque personnelle. Même si vous ressentez du découragement ou des sentiments accablants tout au long du chemin, gardez à l'esprit que vous n'êtes pas seul. Consultez des collègues, des mentors ou l'auteur lui-même pour obtenir de l'aide et des conseils. Nous pouvons surmonter n'importe quel obstacle et accomplir des choses incroyables lorsque nous nous unissons. Par conséquent, armés d'une détermination et d'un courage inébranlables, nous commencerons cette expédition de changement de paradigme et libérerons tout le potentiel de votre marque personnelle. Votre futur moi attend avec impatience votre début en ce moment.

| 1 |

Chapitre 1 : Comprendre l'image de marque personnelle

Qu'est-ce que le marquage privé ?

Le marquage individuel, dans son incarnation, est le développement conscient et vital de votre caractère remarquable et de votre notoriété. Cela va au-delà du simple avancement personnel ou des stratégies de promotion ; il s'agit de vraiment montrer quelle est votre identité, un grand facteur de motivation pour vous et ce qui vous rend unique dans un centre commercial bondé. Votre propre image intègre vos qualités, vos intérêts, vos capacités et vos rencontres, incarnant la quintessence de votre excursion experte et individuelle. C'est l'histoire que vous éclairez sur vous-même, l'impression que vous avez sur les autres et l'héritage que vous cherchez à laisser. Comprendre le marquage individuel implique de percevoir la force du discernement et l'importance de la correspondance délibérée dans la façon dont les autres vous perçoivent. En adoptant le marquage individuel, vous prenez le contrôle de votre histoire, vous vous séparez de l'opposition et vous découpez un espace extraordinaire dans votre industrie ou votre domaine. Dans cette partie, nous approfondissons les idées centrales du marquage individuel, préparant ainsi votre excursion vers la construction d'une marque forte et crédible qui résonne auprès de votre public.

L'avancement du marquage individuel

L'idée du marquage individuel a parcouru une excursion transformatrice envoûtante, passant d'une pensée généralement sombre à un fondement de la tournure experte actuelle des événements. Ses fondements sous-jacents remontent aux anciennes avancées humaines, où les gens utilisaient des images, des titres et des notoriétés pour se séparer au sein de leurs réseaux. Néanmoins, ce n'est qu'après la fin du XXe siècle que le marquage individuel a commencé à prendre sa structure contemporaine, stimulé par l'essor des communications au sens large, la mondialisation et l'ère informatisée.

À l'ère de l'informatisation, le marquage individuel est devenu plus ouvert et incontournable que jamais dans la mémoire récente, en raison de l'expansion des scènes de divertissement basées sur le Web, des destinations d'administration de systèmes basées sur le Web et des sites individuels. Les gens disposent actuellement de portes ouvertes phénoménales pour organiser leurs personnalités sur le Web, s'intégrer à une foule mondiale et façonner progressivement leurs personnalités expertes.

En outre, la démocratisation des données et la « gig economy » ont accru l'importance de la notation individuelle. Dans le monde interconnecté actuel, les gens ne sont généralement pas limités par les voies professionnelles conventionnelles ou par les systèmes progressistes faisant autorité. Toutes choses étant égales par ailleurs, ils sont déterminés à construire leurs marques, à défendre leurs intérêts et à fonder leur destin sur leurs conditions.

Comprendre le développement du marquage individuel est essentiel pour explorer ses subtilités et maîtriser ses chances à un âge avancé. En suivant sa direction authentique, nous acquérons des connaissances importantes sur les normes, les modèles et les pouvoirs cachés qui conduisent son développement continu. Dans cette partie, nous étudions les réalisations et les changements critiques qui ont façonné le marquage individuel pour en faire la forte particularité qu'il est aujourd'hui, ouvrant ainsi la voie à votre propre processus de marquage.

Pourquoi le marquage individuel est important

Le marquage individuel n'est pas simplement une expression populaire ou un bref modèle ; c'est une base essentielle pour réussir dans la scène sérieuse actuelle. Que vous soyez un visionnaire des affaires, un consultant, un expert en entreprise ou un artisan imaginatif, votre propre image joue un rôle crucial dans l'orientation de votre vocation, en ouvrant des portes ouvertes et en influençant la façon dont les autres vous perçoivent.

À l'ère de l'informatique, où les données abondent et les capacités de concentration sont temporaires, le marquage individuel constitue un formidable atout pour trancher la clameur et établir une connexion remarquable. Cela vous permet de vous séparer de l'opposition, d'afficher votre maîtrise et de vous assurer en tant qu'expert de confiance dans votre domaine.

De plus, la notation individuelle n'est pas limitée aux seules entreprises compétentes ; il pénètre chaque partie de votre vie, de vos collaborations sociales à vos propres relations. En développant les points forts d'une marque, vous améliorez vos possibilités d'expertise et développez un sentiment de légitimité, de raison et de satisfaction.

En outre, dans un monde indéniablement interconnecté, où les organisations et les connexions sont vitales, le marquage individuel constitue une impulsion pour construire des associations significatives et encourager les efforts communs. Il vous permet d'expliquer votre motivation intéressante, de raconter votre histoire et de créer de véritables associations avec des personnes similaires qui partagent vos qualités et vos désirs.

En fin de compte, le marquage individuel est important car il vous engage à prendre le contrôle de votre compte, à façonner votre vision et à ouvrir votre capacité maximale. Il ne s'agit pas seulement de progrès personnel ou de vanité ; cela est lié au fait de revendiquer votre histoire, d'améliorer votre impact et de laisser un héritage durable qui émeut les autres.

Dans cette partie, nous approfondissons les nombreuses justifications expliquant pourquoi le marquage individuel est important et étudions ses ramifications importantes pour votre expert et votre autoamélioration. En comprenant la signification du marquage individuel, vous serez mieux préparé à exploiter son pouvoir et à l'influencer pour atteindre vos objectifs et vos désirs.

Fantasmes et jugements erronés

De la même manière que toute idée qui devient prédominante, le marquage individuel est fréquemment entouré de fantasmes et de confusions qui peuvent entraver sa compréhension et son exécution. Il est important de dissiper ces interprétations erronées pour bien comprendre la substance réelle et la capacité du marquage individuel.

Une légende courante veut que le marquage individuel soit réservé aux grands noms ou aux puissances avec un énorme public. En réalité, le marquage individuel est pertinent pour les personnes à tous les niveaux et dans toutes les entreprises. Que vous soyez un visionnaire d'entreprise en pleine croissance, un chef soigneusement préparé ou un nouvel ancien étudiant entrant sur le marché du travail, la notation individuelle peut essentiellement influencer votre orientation experte et vos précieuses portes ouvertes.

Une autre interprétation erronée est que le marquage individuel est inauthentique ou égoïste. Même s'il est vrai que la notation individuelle inclut dans une certaine mesure le perfectionnement personnel, il n'est vraiment pas nécessaire de se concentrer sur la jubilation ou sur l'exagération de vos réalisations. Le marquage individuel légitime s'établit dans la pleine conscience, la franchise et l'association certifiée avec votre foule. Cela est lié à l'affichage de vos atouts et de vos valeurs extraordinaires d'une manière qui a un impact sur les autres et améliore leur vie.

Par ailleurs, certains acceptent que la notation individuelle soit un effort ponctuel ou une solution commode pour la réussite professionnelle. Néanmoins, la notation individuelle est un cycle continu qui nécessite de la cohérence, des efforts et des variations pour se développer en fonction des conditions et des objectifs changeants. C'est tout sauf une personnalité statique, mais une histoire puissante qui se développe et se développe après un certain temps.

En fin de compte, il existe une idée fausse selon laquelle la notation individuelle est exclusivement centrée sur la présence en ligne ou le divertissement virtuel. Si les scènes informatisées jouent un rôle central dans le marquage privé, elles ne sont pas les seules déterminantes de votre image. Le marquage individuel englobe différents points de contact, en gardant à l'esprit les coopérations individuelles, la disposition compétente et l'engagement local. Cela est lié à la création d'une vision ferme et légitime de la marque sur tous les canaux, à la fois sur le Web et hors ligne.

Dans cette partie, nous exposons ces légendes et jugements erronés englobant la notation individuelle, vous donnant clarté et compréhension pour vous engager dans votre processus de notation. En dispersant ces fantasmes, vous serez mieux préparé à embrasser la véritable quintessence du marquage individuel et à l'influencer pour réaliser vos aspirations expertes et individuelles.

Distinguer votre incitation remarquable

Au centre de la notation individuelle se trouve votre offre remarquable : le mélange particulier de caractéristiques, de capacités et de rencontres qui vous distingue des autres dans votre domaine. Reconnaître et articuler votre offre exceptionnelle est fondamental pour construire une marque individuelle convaincante qui résonne auprès de votre public et vous distingue de l'opposition.

Pour démarrer cette interaction, réservez une certaine marge de réflexion et d'introspection. Pensez à vos atouts, vos intérêts et vos sujets spécialisés. Quelles sont les capacités ou caractéristiques dans lesquelles vous réussissez ? Quel point de vue ou compréhension particulière proposez-vous qui serait utile ? Réfléchissez à vos rencontres, réalisations et difficultés précédentes. Comment ont-ils façonné qui vous êtes aujourd'hui et affecté votre processus d'expertise ?

Ensuite, pensez à votre principal groupe d'intérêt et à ses exigences, ses inclinations et ses points chauds. À quels problèmes ou difficultés sont-ils confrontés et que pourriez-vous faire pour les résoudre ? Comment pourriez-vous ajouter de la valeur et avoir un effet significatif dans leur vie ou leur profession ? En comprenant les exigences de votre public et en ajustant votre offre à ses besoins, vous pouvez personnaliser votre propre image pour réellement l'impacter.

Une fois que vous avez acquis de la lucidité sur votre motivation intéressante, il est fondamental de la transmettre de manière claire et fiable sur l'ensemble de vos propres points de contact de marquage. Qu'il s'agisse de votre profil LinkedIn, de votre biographie professionnelle ou d'une brève présentation, assurez-vous que vos informations reflètent vos atouts remarquables et la valeur que vous offrez à votre public.

En différenciant votre offre nouvelle, vous exposez non seulement de sérieux points forts pour votre propre image, mais vous gagnez également en confiance en vos capacités et votre parcours. Vous devenez plus déterminé et plus clé dans vos choix professionnels, sachant comment utiliser vos atouts et vos chances pour atteindre vos objectifs. Dans cette partie, nous approfondirons la manière la plus courante de distinguer et d'affiner votre offre spéciale, en vous fournissant les outils et les connaissances dont vous avez besoin pour construire une marque privée forte et véritable.

Chapitre 2 : Clarifier votre identité de marque

Caractériser votre image de personnalité

Au cœur du marquage individuel se trouve un caractère de marque indubitable et valable – un reflet de ce qu'est votre identité, de ce que vous valez et de ce qui vous distingue des autres. Caractériser le caractère de votre image est une étape fondamentale vers le processus de marquage individuel, car il sert de lumière directrice pour tous vos efforts de marquage.

Pour commencer, faites une pause d'une minute pour réfléchir à vos croyances, convictions et normes fondamentales. Qu'est-ce qui vous anime ? Qu'est-ce qui fait la plus grande différence pour vous, à la fois dans votre vie personnelle et dans celle de vos compétences ? Vos qualités structurent le fondement de votre image de caractère, formant vos activités, vos choix et vos collaborations avec les autres.

Ensuite, réfléchissez à vos centres d'intérêt et à vos intérêts. Quels exercices ou sujets vous stimulent et vous éveillent ? Que souhaitez-vous vraiment faire de votre énergie disponible ? Vos intérêts donnent des informations importantes sur votre personnalité légitime et peuvent vous aider à révéler des parties remarquables de votre personnalité.

De plus, réfléchissez à vos objectifs et buts définis. Où vous voyez-vous dans cinq ou dix ans ? Quel héritage souhaiteriez-vous abandonner ? Vos objectifs peuvent illuminer votre image de caractère en mettant en avant les caractéristiques et qualités que vous souhaitez réellement développer pour concrétiser votre vision du progrès.

En incorporant ces éléments – vos qualités, vos intérêts et vos objectifs – vous pouvez commencer à créer un caractère de marque indubitable et convaincant qui résonne avec qui vous êtes en votre centre. Votre image de caractère doit être vraie, optimiste et vitale, reflétant la quintessence de votre identité et un grand facteur de motivation pour vous.

Dans cette partie, nous approfondirons la manière la plus courante de caractériser le caractère de votre image, en vous proposant des activités et des expériences viables pour vous aider à découvrir les aspects exceptionnels de votre propre image. En expliquant le caractère de votre image, vous établirez un point de départ solide pour construire une marque individuelle forte et authentique qui résonnera auprès de votre public et vous distinguera dans un centre commercial bondé.

Créer votre histoire d'image

Votre histoire d'image est quelque chose au-delà d'une histoire ; c'est le centre proche de votre propre image - la corde qui enroule vos rencontres, vos valeurs et vos objectifs dans une histoire forte et convaincante. Faire de votre image une histoire est un cycle révolutionnaire qui vous permet de verbaliser ce qu'est votre identité, un grand facteur de motivation pour vous, et pourquoi vous faites ce que vous faites d'une manière qui résonne plus profondément auprès de votre public.

Pour commencer à créer une histoire d'image, commencez par réfléchir à votre propre excursion : les minutes urgentes, les difficultés et les victoires qui ont façonné qui vous êtes aujourd'hui. Quelles rencontres affectent fondamentalement votre vie et votre vocation ? Comment ces rencontres ont-elles impacté vos qualités, vos convictions et vos objectifs ?

Ensuite, réfléchissez à votre point de vue et à votre perspective extraordinaires. Quelles connaissances ou exemples avez-vous acquis au cours de vos rencontres ? Qu'offrez-vous de valeur réelle qu'aucune autre personne ne propose ? Votre point de vue vous distingue des autres et rend votre histoire d'image convaincante et attrayante.

Lorsque vous créez votre histoire d'image, efforcez-vous d'être valide, sans défense et intéressant. Partagez vos triomphes ainsi que vos déceptions, malheurs et instantanés d'évolution. Votre foule résonnera de votre humanité et de votre réalité, cultivant davantage d'associations et de confiance.

Pensez également à l'effet profond que vous pensez que votre histoire d'image devrait avoir sur votre public. Quels sentiments aimeriez-vous susciter ? Qu'il s'agisse de motivation, de compassion ou de confiance, injecter du sentiment dans votre histoire d'image la rendra plus primordiale et efficace.

Enfin, rappelez-vous que votre histoire d'image est une histoire en développement – une articulation concrète de votre propre image. Au fur et à mesure que vous vous développez et avancez, votre histoire d'image évoluera également. Embrassez l'excursion de la révélation de soi et de l'expression de soi, et laissez votre histoire d'image être une impression de votre véritable personnalité.

Dans cette section, nous approfondirons la spécialité de la création de votre histoire d'image, en vous donnant des conseils, des activités et des guides viables pour vous aider à articuler votre récit remarquable. En créant une histoire de marque convaincante, vous établirez une association forte avec votre public et élèverez votre propre image plus haut que jamais.

Établir la cohérence de la marque

La cohérence est essentielle pour créer des points forts pour une marque individuelle remarquable. Il s'agit de garantir que chaque partie de votre image – de votre présence sur le Web à votre style de correspondance en passant par votre caractère visuel – reflète des qualités, des informations et un caractère similaires. La cohérence de la marque améliore votre validité et vos incroyables compétences, soutient la personnalité de votre image et renforce votre association avec votre public.

La première étape vers la cohérence de la marque consiste peut-être à caractériser les éléments de votre image, tels que votre logo, votre gamme de variétés, votre typographie et votre manière de parler. Ces composants agissent comme les éléments de structure de votre image et donnent un système solide à vos efforts de marquage.

Garantissez ensuite la cohérence sur l'ensemble de vos propres points de contact de marquage, aussi bien sur le web que hors ligne. Cela intègre votre site, vos profils de divertissement virtuel, vos cartes de visite, vos marques de courrier électronique et certains autres matériaux ou étapes où votre image est abordée. Utilisez des éléments de marquage, du symbolisme et des informations constants pour créer un aperçu de la marque rassemblé pour votre public.

Assurez-vous également de rester cohérent dans votre style de correspondance et votre manière de parler. Que vous rédigiez un article de blog, envoyiez un e-mail ou donniez un spectacle, assurez-vous que vos informations correspondent aux valeurs de votre image et à votre caractère. Une correspondance régulière rassemble la confiance et la connaissance de votre public, les obligeant à s'inspirer et à se souvenir de votre image.

La cohérence s'étend également à votre façon de vous comporter et à vos activités. Soyez conscient de la façon dont vous vous présentez dans des environnements compétents, à la fois sur le Web et hors ligne. Vos activités doivent correspondre à votre image et soutenir l'image que vous devez transmettre à votre public.

Enfin, examinez et vérifiez régulièrement la cohérence de votre image pour garantir qu'elle reste dans un état récupérable sur le long terme. Dirigez des enquêtes occasionnelles sur vos supports de marquage, vos profils en ligne et informez-vous pour distinguer toute irrégularité ou région à développer. En faisant preuve de vigilance et de scrupule, vous pouvez maintenir la respectabilité de votre image et renforcer votre association avec votre public.

Dans cette section, nous étudierons l'importance de garantir la cohérence de la marque et donnerons des techniques et des conseils pragmatiques pour conserver une marque individuelle ferme et convaincante. En vous concentrant sur la cohérence de vos efforts de notation, vous gagnerez confiance, validité et reconnaissance auprès de votre public, ouvrant ainsi la voie à des réalisations et à des effets à long terme.

Examen de votre image en cours

Avant de pouvoir affiner et fortifier votre propre image, il est fondamental d'avoir une compréhension raisonnable de votre image actuelle. Diriger une évaluation de marque vous permet d'enquêter sur la façon dont vous êtes actuellement perçu par votre public, de distinguer les régions à développer et d'ajuster vos efforts de marquage à vos objectifs et valeurs.

Commencez par évaluer votre présence sur Internet, y compris votre site, vos profils de divertissement en ligne et toutes les autres étapes informatisées où votre image est abordée. Pensez à la cohérence de vos éléments de marquage, à la nature de votre contenu et aux niveaux d'engagement auprès de votre public. Concentrez-vous sur la façon dont votre public coopère avec votre image sur le Web et accumulez des contributions pour acquérir des expériences sur leurs discernements et leurs inclinations.

Ensuite, évaluez votre présence déconnectée, y compris votre attitude d'expert, l'organisation d'associations et le matériel de notation individuel. Réfléchissez à la façon dont vous vous présentez dans des contextes compétents, à l'impression que vous avez sur les autres et à l'accord entre votre façon de vous comporter déconnectée et les valeurs de votre image.

Lorsque vous dirigez votre examen d'image, dites la vérité et l'objectif dans votre évaluation. Recherchez les régions dans lesquelles votre image peut être contradictoire, obsolète ou ne pas correspondre complètement à vos objectifs et à vos valeurs. Reconnaissez les qualités, les défauts, les portes ouvertes étonnantes et les dangers pour l'image et la notoriété de votre image.

Chaque fois que vous avez terminé votre revue d'image, examinez les découvertes et concentrez-vous sur les régions à développer. Favorisez une stratégie pour remédier aux trous ou aux irrégularités de votre image, en vous concentrant sur les régions où vous pouvez avoir l'effet principal. Cela peut inclure l'actualisation de vos supports de notation, l'affinement de vos informations ou l'amélioration de votre présence sur le Web.

Enfin, procédez au contrôle et à l'évaluation de votre image régulièrement pour vous assurer qu'elle reste conforme à vos objectifs et à vos valeurs. Dirigez des évaluations occasionnelles de votre marque pour garder un œil sur votre développement, reconnaître les tendances émergentes et apporter des modifications au cas par cas pour rester pertinent et sérieux dans votre secteur.

Dans cette section, nous vous expliquerons la manière la plus courante d'examiner votre image en cours, en vous donnant des conseils et des appareils raisonnables pour vous aider à évaluer les atouts et les défauts de votre image. En dirigeant un examen minutieux de votre marque, vous acquerrez des connaissances importantes sur le discernement de votre image et vous positionnerez pour mieux progresser dans votre propre processus de notation.

Définir les objectifs de la marque

Définir des objectifs clairs et significatifs est fondamental pour diriger vos propres efforts de marquage et estimer votre progression en route. Vos objectifs d'image servent de guide pour votre propre processus de notation, vous donnant des conseils, de la concentration et de l'inspiration pour atteindre vos résultats idéaux.

Commencez par caractériser les objectifs globaux de votre marque : qu'espérez-vous accomplir avec vos propres efforts de marquage ? Qu'il s'agisse de structurer votre présence sur le Web, d'étendre votre organisation ou de vous positionner en tant que spécialiste dans votre domaine, articulez vos désirs et vos objectifs.

Ensuite, divisez vos objectifs d'image globaux en réalisations ou cibles plus modestes et atteignables. Ces réalisations doivent être explicites, quantifiables, réalisables, importantes et limitées dans le temps (Savvy), vous permettant de garder un œil sur votre développement et de saluer vos triomphes en cours de route.

Pensez aux différents éléments de votre propre image - comme votre présence sur Internet, vos efforts d'organisation, la tournure des événements et votre engagement local - et distinguez les objectifs explicites.

| 3 |

Chapitre 3 : Développer votre présence en ligne

Mise à niveau de vos profils de divertissement sur le Web

À l'ère informatisée actuelle, vos profils de divertissement sur le Web constituent la voie d'accès à votre propre image. Il s'agit dans de nombreux cas du sentiment initial que les entreprises, les clients ou les associés attendus ont de vous, il est donc essentiel de les faire progresser pour qu'ils s'alignent sur vos propres objectifs de notation.

Commencez par évaluer et actualiser vos données de profil pour garantir qu'elles reflètent précisément votre personnalité. Cela intègre votre photo de profil, votre photo de couverture, votre biographie et quelques autres subtilités pertinentes. Utilisez un visuel expert et constant sur l'ensemble de vos scènes de divertissement sur le Web pour créer une image de marque ferme et essentielle.

Ensuite, choisissez de manière décisive le contenu que vous partagez sur vos profils de divertissement en ligne pour soutenir votre propre image. Partagez du contenu qui présente vos compétences, vos intérêts et vos valeurs, et offre une certaine incitation à votre public. Qu'il s'agisse d'informations sur l'industrie, d'articles d'initiative de réflexion ou de regards en arrière-plan sur votre vie, organisez du contenu qui résonne auprès de votre groupe d'intérêt et met en valeur votre point de vue remarquable.

De plus, attirez régulièrement votre public en répondant aux remarques, messages et avis de manière pratique et authentique. Construire des associations certifiées et encourager les discussions via le divertissement en ligne renforce vos associations avec votre public et améliore la perceptibilité et la crédibilité de votre image.

Influencez également les points forts et les fonctionnalités de chaque étape de divertissement sur le Web pour renforcer l'ouverture et l'engagement de votre image. Utilisez des hashtags, des étiquetages et des éléments de géolocalisation pour étendre votre boussole et vous associer à des personnes similaires dans votre secteur ou spécialité.

En fin de compte, examinez et disséquez régulièrement vos mesures de divertissement sur le Web pour garder un œil sur votre développement et affiner votre procédure à long terme. Concentrez-vous sur les indicateurs clés d'exécution, par exemple le développement adhérent, les taux d'engagement et l'exécution du contenu pour reconnaître ce qui résonne le plus auprès de votre public et modifiez votre méthodologie selon les besoins.

En améliorant vos profils de divertissement virtuel, vous créerez des atouts majeurs pour une présence Internet significative qui véhicule réellement votre propre image et ouvre des portes ouvertes alignées sur vos objectifs et vos aspirations. Dans cette section, nous approfondirons les techniques et les meilleures pratiques pour faire progresser votre présence de divertissement en ligne afin d'améliorer vos propres efforts de marquage et d'atteindre vos résultats idéaux.

Créer une substance importante

Dans le monde informatisé, une rédaction de qualité est primordiale – et donner du sens, attirer la satisfaction est fondamental pour construire de sérieux points forts pour une marque sur le Web. Qu'il s'agisse d'entrées de blog, d'enregistrements, de diffusions numériques ou de mises à jour de divertissement virtuel, votre contenu constitue un moyen de transmettre votre maîtrise, de partager vos expériences et d'interagir avec votre public à un niveau plus profond.

Commencez par caractériser votre système de substances, en illustrant les points, les sujets et les arrangements qui correspondent à votre propre image et résonnent avec votre principal groupe d'intérêt. Pensez à votre point de vue intéressant, à vos rencontres et à votre maîtrise, et reconnaissez les types de contenu qui vous permettent de mettre en valeur vos atouts et d'offrir des avantages à votre public.

Ensuite, concentrez-vous sur la création d'un contenu intéressant, instructif, important et verrouillant. Offrez des conseils viables, des connaissances importantes et des points de vue provocateurs qui répondent aux exigences, aux difficultés et aux intérêts de votre public. Efforcez-vous d'être légitime, direct et engagé dans votre substance, en partageant des récits individuels, des histoires et des rencontres qui résonnent avec votre public à un niveau humain.

En outre, soyez fiable dans vos efforts de création de contenu, en gardant un calendrier et un rythme de présentation normaux pour que votre public soit connecté et en veuille de plus en plus. Qu'il s'agisse d'actualisations quotidiennes du blog, d'enregistrements semaine après semaine ou de bulletins mensuels, établissez une norme qui fonctionne pour vous ainsi que pour votre public, et respectez-la.

De plus, influencez les configurations et les canaux de médias mixtes pour améliorer votre contenu et toucher un public plus large. Explorez différentes possibilités concernant divers arrangements, par exemple des infographies, des cours en ligne, des diffusions en direct et des contenus intuitifs pour garder votre public connecté et renforcé pour votre image.

En fin de compte, dynamisez la communication et l'engagement avec votre contenu en invitant votre public à aimer, commenter, partager et prendre part à des conversations. Répondez rapidement aux remarques et aux messages, et cultivez le sentiment d'appartenance au territoire et le fait d'avoir une place parmi vos fidèles.

En créant un contenu significatif qui résonne auprès de votre public et soutient votre propre image, vous vous assurerez en tant qu'expert de confiance dans votre spécialité et ouvrirez de précieuses portes ouvertes alignées sur vos objectifs et vos désirs. Dans cette partie, nous approfondirons les procédures et les meilleures pratiques pour créer un contenu convaincant qui stimule vos propres efforts de marquage et suscite un engagement significatif auprès de votre public.

S'impliquer avec votre foule

Construire des points forts pour une présence va au-delà de la communication de votre message : cela est lié à la culture d'associations certifiées et à la création d'associations avec votre public. Se rapprocher de votre public améliore la perceptibilité et la validité de votre image et crée un sentiment d'appartenance locale et de détermination parmi vos fidèles.

Commencez par prêter attention à votre public et en vous concentrant sur ses exigences, ses inclinations et ses critiques. Affichez les remarques, les messages et les avis sur vos profils de divertissement virtuel, vos entrées de blog et tout autre contenu pour comprendre ce qui résonne le plus auprès de votre public et comment vous pouvez d'autant plus probablement les servir.

Ensuite, répondez instantanément et sincèrement aux remarques, questions et demandes de votre public. Reconnaissez leurs engagements, répondez à leurs intérêts et remerciez-les pour leur aide et leur engagement. En vous rapprochant de votre public de manière significative et certifiable, vous construirez la confiance, la compatibilité et le dévouement après un certain temps.

De plus, démarrez des discussions et des communications avec votre public pour cultiver davantage d'associations et d'engagement. Suggérez des amorces de conversation, demandez des critiques et demandez du soutien dans les conversations pour créer un sentiment d'appartenance à la région et un effort coordonné autour de votre image.

De plus, influencez les événements et les organisations intuitifs via des scènes de divertissement basées sur le Web pour renforcer l'engagement et la connexion avec votre public. Organisez des discussions en direct, des enquêtes, des défis et d'autres occasions intelligentes pour déclencher la discussion et soutenir l'intérêt de vos fidèles.

De plus, envisagez de faire équipe avec des puissances, des pionniers d'opinion ou différentes marques de votre secteur pour élargir votre gamme et attirer de nouveaux publics. Se regrouper avec des personnes ou des associations similaires peut améliorer votre message et augmenter la perceptibilité et la crédibilité de votre image.

Enfin, évaluez et examinez systématiquement vos mesures d'engagement du public pour garder un œil sur votre développement et distinguer les régions à développer. Concentrez-vous sur des mesures telles que les préférences, les remarques, les offres et les tarifs de navigation pour vérifier l'adéquation de vos efforts d'engagement et modifier votre stratégie selon les besoins.

En captivant efficacement votre public, vous encouragerez des associations plus fondées, augmenterez la fidélité à la marque et créerez des liens significatifs qui contribueront au développement et aux résultats de votre propre image. Dans cette section, nous étudierons les systèmes et les meilleures pratiques pour attirer votre public en ligne afin d'augmenter l'effet et l'impact de votre image.

Utiliser LinkedIn pour un marquage compétent

LinkedIn se distingue comme une plate-forme solide pour une administration de systèmes compétente et un marquage individuel, offrant de nombreux outils et points forts pour démontrer votre maîtrise, interagir avec les partenaires de l'industrie et vous positionner en tant que chef d'idée dans votre domaine. L'utilisation de LinkedIn peut réellement améliorer fondamentalement votre image d'expert et vos portes d'entrée vers de nouvelles portes ouvertes.

Commencez par mettre à niveau votre profil LinkedIn pour refléter avec succès votre propre image. Assurez-vous que votre photo de profil est compétente et correspond à votre photo, et proposez un titre et une description convaincants qui exposent clairement votre offre et votre maîtrise. Modifiez votre URL LinkedIn pour incorporer votre nom ou des slogans importants, ce qui permettra aux autres de vous trouver plus facilement et d'interagir avec vous.

Ensuite, remplissez votre profil LinkedIn avec les données applicables, notamment vos connaissances professionnelles, vos instructions, vos capacités et vos réalisations. Présentez les principales réalisations, engagements et distinctions qui montrent votre aptitude et votre validité dans votre domaine. Utilisez des éléments multimédias interactifs tels que des enregistrements, des introductions et des articles pour exposer votre travail et offrir un cadre supplémentaire aux invités de votre profil.

En outre, connectez-vous efficacement à votre réseau LinkedIn en partageant des informations importantes, en participant aux conversations du secteur et en vous associant à des experts similaires. Partagez des articles judicieux, des documents faisant autorité et des expériences industrielles qui démontrent vos compétences et offrent des avantages à votre public. Inspirez-vous des publications de vos associations en aimant, en commentant et en partageant, et participez aux rassemblements et réseaux LinkedIn importants pour étendre votre portée et votre visibilité.

De plus, influencez l'étape de distribution de LinkedIn pour distribuer des articles à structure longue et des documents d'autorité qui vous présentent comme une autorité instruite dans votre domaine. Exposez les points applicables aux avantages et aux difficultés de votre public, et donnez des expériences et des conseils significatifs qui démontrent votre maîtrise et votre validité.

De plus, recherchez et entretenez efficacement des associations avec des puissances clés, des pionniers d'opinion et des chefs de file de votre secteur. Associez-vous à eux sur LinkedIn, inspirez-vous de leur contenu et démarrez des discussions significatives pour créer des affinités et établir des liens communs.

Enfin, examinez et examinez régulièrement vos mesures LinkedIn pour suivre l'exécution de votre profil et vos niveaux d'engagement. Concentrez-vous sur les mesures, par exemple les visites de profil, les demandes d'association et l'engagement de publication pour vérifier l'adéquation de votre méthodologie LinkedIn et apporter des modifications au cas par cas.

En utilisant LinkedIn pour un marquage efficace, vous améliorerez votre visibilité, votre validité et votre impact au sein de votre secteur et plus encore. Dans cette partie, nous étudierons les systèmes et les meilleures pratiques pour augmenter votre impact sur LinkedIn et utiliser la scène pour propulser vos propres objectifs de notation.

Gérer votre statut sur le Web

À l'ère actuelle de l'informatique, votre position sur le Web joue un rôle fondamental dans la façon dont les autres vous perçoivent ainsi que votre propre image. Superviser et maintenir une position positive sur le Web est fondamental pour renforcer la confiance, la validité et l'autorité dans votre secteur ou domaine.

Commencez par diriger un examen approfondi de votre présence sur le Web pour évaluer votre position actuelle. Recherchez vous-même sur Google et auditez les éléments de la liste pour voir quelles données vous concernant sont rapidement accessibles sur le Web. Concentrez-vous sur les contenus à la fois positifs et négatifs, y compris les actualités, les publications de divertissement virtuel, les audits et les avis.

Ensuite, trouvez des moyens proactifs de traiter tout contenu négatif ou préjudiciable qui pourrait influencer votre position sur Internet. En supposant que vous examiniez de mauvaises enquêtes ou remarques, répondez de manière réfléchie et experte, en abordant toutes les inquiétudes ou les problèmes soulevés et en cherchant à les déterminer de manière agréable. Pensez par ailleurs à vous connecter au site ou à l'étape facilitant la substance négative pour exiger son expulsion ou sa modification, le cas échéant.

De plus, gérez efficacement vos profils de divertissement virtuel et vos collaborations en ligne pour garantir qu'ils réfléchissent résolument à votre propre image. Soyez conscient du contenu que vous partagez et des remarques que vous faites, et essayez de ne pas aborder des sujets douteux ou gênants qui pourraient décolorer votre réputation. Vérifiez régulièrement vos paramètres de sécurité et vos efforts de sécurité pour protéger votre présence sur le Web et limiter le risque d'accès non approuvé ou d'abus de vos propres données.

De plus, recherchez efficacement les opportunités de fabriquer et de promouvoir des substances positives qui améliorent votre réputation sur Internet. Partagez des exemples de surmonter l'adversité, des hommages et des soutiens de clients ou de partenaires épanouis, et présentez vos capacités à travers des articles d'initiative de réflexion, des introductions et un engagement parlant. En démontrant de manière fiable vos compétences, votre maîtrise et votre fiabilité impressionnantes, vous renforcerez votre position sur le Web et établirez une bonne base pour vous-même en tant qu'expert de confiance dans votre domaine.

De plus, vérifiez régulièrement votre statut sur le Web à l'aide d'instruments et d'administrations qui suivent les avis, les audits et autres substances applicables liées à votre propre image. Configurez Google Cautions pour votre nom et les mots d'ordre applicables afin de rester informé de toute nouvelle satisfaction ou référence à ce qui pourrait influencer votre statut. En restant prudent et proactif dans la gestion de votre statut sur le Web, vous pouvez garantir que votre propre image reste un atout pour rester et être résistante malgré les difficultés ou les débats attendus.

Dans cette partie, nous étudierons les systèmes et les meilleures pratiques pour gérer avec succès votre position sur le Web, en vous donnant des conseils et des expériences viables pour vous aider à protéger et à améliorer l'image et la notoriété de votre propre image dans le monde avancé.

Chapitre 4 : Réseautage et établissement de relations

Comprendre l'importance de l'administration des systèmes

L'organisation est dans de nombreux cas saluée comme le fondement de la réussite individuelle et experte, et pour une bonne explication. En son centre, l'organisation est liée à la création et au maintien d'associations avec d'autres, créant un piège d'associations qui peuvent ouvrir la voie à des portes ouvertes, à un soutien et à un développement potentiels. Que vous souhaitiez propulser votre profession, développer votre entreprise ou simplement agrandir votre groupe d'amis, le recrutement joue un rôle important pour vous aider à atteindre vos objectifs.

L'un des avantages essentiels de l'administration des systèmes est l'accès qu'elle ouvre à de nouvelles portes et ressources ouvertes. En interagissant avec un large éventail de personnes issues de diverses entreprises, appels et fondations, vous gagnez une ouverture à de nouvelles pensées, points de vue et portes ouvertes que vous n'auriez peut-être pas connu de toute façon. L'administration des systèmes peut générer des postes vacants, des organisations commerciales, des relations de mentorat et des éléments de connaissances importants qui peuvent stimuler votre propre développement compétent.

En outre, l'organisation offre une scène pour partager des informations, des compétences et du soutien avec les autres. En vous associant à des personnes similaires et à des spécialistes dans votre domaine, vous pouvez échanger vos idées, rechercher des conseils et travailler ensemble sur des projets ou des initiatives qui profitent aux deux acteurs. L'organisation offre également une organisation d'aide composée d'amis et de tuteurs qui peuvent offrir des conseils, un soutien et un point de vue pendant les périodes de test.

De plus, l'organisation assume un rôle urgent dans le marquage privé et la notoriété des cadres. En développant les points forts d'une association, vous améliorez votre visibilité, votre crédibilité et votre impact au sein de votre secteur ou de votre zone locale. Votre organisation peut agir comme un solide soutien pour votre propre image, garantissant vos capacités, votre maîtrise et votre caractère auprès des autres.

Malgré ces avantages indéniables, l'organisation offre également des récompenses immatérielles comme la camaraderie, la camaraderie et le sentiment d'avoir une place. Construire des relations significatives avec d'autres peut améliorer votre vie petit à petit et de manière experte, en donnant un sentiment d'appartenance à la communauté et un soutien qui améliore votre prospérité générale.

Dans cette partie, nous approfondirons l'importance de l'administration des systèmes, en étudiant ses nombreux avantages et en proposant des conseils et des techniques fonctionnelles pour construire et maintenir votre organisation. En comprenant la signification de l'administration des systèmes et en consacrant du temps et des efforts au développement d'associations significatives, vous jetterez les bases d'une réussite et d'une satisfaction à long terme dans votre propre vie et dans celle de votre compétence.

Construire votre méthodologie d'administration de systèmes

Une administration système puissante nécessite plus que simplement se rendre à des événements et échanger des cartes de visite : elle nécessite une méthodologie de base axée sur la création d'associations certifiées et la promotion de connexions généralement utiles. Favoriser une méthodologie d'administration de systèmes vous permet d'augmenter votre temps et vos efforts, d'identifier des portes ouvertes alignées sur vos objectifs et de développer des points forts pour une organisation différente de contacts.

Commencez par définir des objectifs d'administration système clairs et explicites qui correspondent à vos propres objectifs. Qu'espérez-vous accomplir grâce à l'administration des systèmes ? Est-il prudent de dire que vous espérez propulser votre vocation, élargir votre clientèle ou acquérir de l'expérience dans un autre secteur ? En décrivant clairement vos objectifs, vous pouvez adapter vos efforts d'administration système pour vous concentrer sur des portes ouvertes qui correspondent à vos besoins et à vos objectifs.

Ensuite, distinguez votre groupe d'intérêt et vos contacts clés au sein de votre organisation. Qui peut vous aider à atteindre vos objectifs d'administration de systèmes ? Pensez aux experts de votre secteur ou domaine, aux pionniers de la pensée, aux forces avec lesquelles il faut compter, aux clients potentiels, aux coachs et aux amis. Faites un état des lieux des associations cibles et concentrez-vous sur elles au vu de leur importance et de l'influence attendue sur vos objectifs.

Chaque fois que vous avez identifié votre groupe d'intérêt, étudiez les différents canaux et étapes d'administration des systèmes à associer. Cela peut inclure la participation à des rassemblements et à des événements de l'industrie, la participation à des affiliations professionnelles ou à des réunions d'administration de systèmes, la participation à des discussions et à des réseaux sur le Web et l'utilisation de plateformes de divertissement en ligne comme LinkedIn. Choisissez des canaux d'organisation qui correspondent à vos inclinations, vos atouts et vos objectifs, et soyez proactif dans le démarrage et le soutien d'associations avec vos contacts objectifs.

Concentrez-vous également sur de meilleures normes sans compromis lors de la construction de votre organisation. Plutôt que d'essayer d'interagir avec le nombre de personnes auquel on pourrait s'attendre dans les circonstances, concentrez-vous sur l'établissement d'associations significatives et authentiques avec un groupe sélectionné de personnes qui partagent vos qualités, vos intérêts et vos objectifs.

Consacrez du temps et des efforts à mieux connaître vos contacts, à déterminer leurs besoins, leurs difficultés et leurs objectifs, et à rechercher des moyens d'améliorer leur vie ou leur profession.

Soyez également essentiel dans vos exercices d'administration de systèmes, en ajustant votre temps et vos actifs entre les différents canaux et portes ouvertes potentielles. Réservez du temps pour les exercices d'administration des systèmes, qu'il s'agisse d'événements, de contact avec des contacts ou de retour en arrière vers des associations. Soyez prévisible et proactif dans vos efforts d'administration de systèmes, mais soyez également patient et infatigable, car l'établissement de connexions significatives prend du temps et des efforts.

Dans cette partie, nous étudierons la manière la plus courante de créer une procédure d'administration de systèmes clés, en vous donnant des astuces et des connaissances concrètes pour vous aider à renforcer vos efforts d'administration de systèmes et à atteindre vos propres objectifs. En favorisant un arrangement et une manière sans équivoque de gérer l'administration des systèmes, vous renforcerez votre viabilité, augmenterez vos chances et créerez des points forts pour une organisation stable qui vous poussera vers le progrès.

Soutenir des connexions importantes

Construire des points forts pour une organisation ne consiste pas seulement à créer des associations, cela est lié au maintien d'associations significatives et légitimes avec ces associations sur le long terme. Les connexions certifiées constituent la base d'une administration système réussie, offrant une structure solide à la coopération, au support et au développement partagé.

Pour soutenir des liens significatifs, commencez par vous rapprocher d'une coordination avec une perspective certifiée et authentique. Soyez sérieux dans vos collaborations, en montrant une réelle prime à apprendre à connaître les autres et à comprendre leurs nécessités, leurs objectifs et leurs difficultés. La crédibilité engendre la confiance et la compatibilité, préparant ainsi des associations plus profondes et plus significatives.

Ensuite, concentrez-vous sur la correspondance dans vos efforts d'administration système. Cherchez des occasions d'améliorer la vie ou la vocation de vos associations, que ce soit en offrant un soutien, en partageant des expériences ou des atouts, ou en faisant la connaissance de contacts importants. En offrant généreusement sans rien attendre en échange , vous ferez preuve de générosité et ferez confiance à votre organisation, renforçant ainsi vos relations après un certain temps.

De plus, concentrez-vous sur une correspondance continue et un engagement avec votre organisation. Restez constamment en contact avec vos associations, que ce soit par le biais de messages, d'appels, de collaborations de divertissement virtuel ou de réunions en personne. Partagez des informations sur votre travail, vos réalisations et vos intérêts, et montrez un intérêt certifié pour la vie et les réalisations de vos associations. En restant associé et impliqué, vous resterez en pleine conscience avec votre organisation et développerez vos relations après un certain temps.

De plus, soyez proactif en offrant soutien et aide à vos associations lorsque cela est nécessaire. Soyez réceptif à leurs sollicitations d'aide ou de conseils, et gérez vos capacités, vos atouts ou vos associations chaque fois que la situation le permet. Agissez en tant qu'atout et promoteur de vos associations, en les aidant à explorer les difficultés, à sauter toutes les chances et à atteindre leurs objectifs.

En outre, recherchez de précieuses occasions de faire équipe et de coopérer avec vos associations dans le cadre d'entreprises, de campagnes ou d'occasions. Les efforts de coopération renforcent vos liens et constituent une incitation pour les deux joueurs, favorisant l'accomplissement et le développement partagés. Recherchez des moyens d'utiliser les atouts, la maîtrise et les organisations de chacun pour atteindre des objectifs communs et obtenir des résultats mutuellement avantageux.

Dans cette partie, nous étudierons l'importance de maintenir des liens significatifs dans l'administration des systèmes, en donnant des conseils et des techniques utiles pour établir des associations solides et durables avec votre organisation. En cultivant des relations fiables basées sur la confiance, la correspondance et l'aide commune, vous constituerez une organisation solide de partenaires et de supporters qui pourront vous aider à atteindre vos propres objectifs.

Manières d'organisation et meilleures pratiques

Une administration système convaincante ne consiste pas seulement à établir des associations, il s'agit également de maintenir soigneusement des compétences, une gentillesse et un respect impressionnants dans l'intégralité de vos communications. Le comportement organisationnel englobe un ensemble de règles et de bonnes pratiques qui supervisent la manière dont vous interagissez avec les autres dans les paramètres d'administration système, garantissant que vous avez une impression positive et que vous établissez des associations significatives avec vos contacts.

Plus important encore, abordez l'organisation des événements et des collaborations avec une attitude positive et ouverte. Soyez bien disposé, sympathique et invitant envers les autres, et efforcez-vous de créer un environnement chaleureux et complet où chacun se sent estimé et considéré. Souriez, connectez-vous visuellement et offrez une poignée de main ferme tout en rencontrant de nouvelles personnes, et utilisez des méthodes d'attention totale pour montrer un véritable intérêt et un engagement envers la discussion.

Soyez également conscient de votre communication non verbale et de vos signes non verbaux lors des associations d'administration système. Maintenez une communication non verbale ouverte et accueillante, par exemple en confrontant la personne avec qui vous parlez, en gardant une bonne position et en vous abstenant de croiser les bras ou de paraître détourné. Concentrez-vous sur votre manière de parler et votre apparence, en transmettant chaleur, énergie et véracité dans vos coopérations.

De plus, soyez conscient du temps et des limites des autres lors des occasions d'administration des systèmes et des coopérations. Abstenez-vous de thésauriser les discussions ou de vous immiscer dans les autres, et soyez conscient des signes qui indiquent que c'est le moment idéal pour conclure une discussion ou continuer vers la personne suivante.

Tenez compte de l'espace et des limites individuels et évitez toute ingérence ou tout comportement trop reconnaissable qui pourrait rendre les autres anxieux.

De plus, adoptez une bonne conduite ultérieure à la suite d'événements ou de rassemblements d'administration système. Envoyez des cartes personnalisées pour remercier ou des messages pour communiquer votre appréciation de la possibilité d'interagir et de souligner les questions centrales de votre discussion. Conservez rapidement toutes les paroles ou responsabilités que vous avez faites au cours de la collaboration, comme envoyer des données ou faire des présentations.

Enfin, soyez proactif pour maintenir et suivre le rythme de votre organisation après un certain temps. Restez constamment en contact avec vos contacts, que ce soit par le biais de divertissements en ligne, de courriers électroniques ou de réunions en personne. Partagez des mises à jour, des articles ou des actifs importants qui pourraient avoir une certaine importance pour votre organisation, et offrez votre aide et votre aide à tout moment nécessaire. En restant connecté et proactif dans vos efforts d'administration de systèmes, vous renforcerez vos connexions et augmenterez la valeur de votre organisation sur le long terme.

Dans cette partie, nous étudierons les normes des méthodes d'administration des systèmes et les meilleurs travaux, en vous donnant des conseils raisonnables et des informations pour vous aider à explorer l'organisation d'événements et de coopérations avec une compétence, une gentillesse et une certitude impressionnantes. En excellant dans le décorum de l'administration des systèmes, vous aurez une impression positive, établirez des liens importants et ouvrirez des portes ouvertes au développement individuel et expert.

Utilisation des instruments d'administration des systèmes Internet

À l'ère avancée actuelle, les appareils et les étapes d'administration de systèmes basés sur le Web offrent des opportunités remarquables de s'associer à des experts, de développer votre organisation et d'accéder à des actifs et des connaissances importants depuis n'importe où sur la planète. L'utilisation de ces outils peut vraiment améliorer vos efforts d'administration de systèmes et vos portes d'entrée vers de nouvelles portes ouvertes et des efforts conjoints.

L'un des instruments d'administration de systèmes Web les plus remarquables est LinkedIn, une plateforme d'administration de systèmes experts avec plus de 700 millions de clients dans le monde. LinkedIn vous permet de créer un profil point par point affichant votre expérience, vos capacités et vos réalisations d'expert, et d'interagir avec des experts de votre secteur ou domaine. Trouvez l'opportunité de rationaliser votre profil LinkedIn, y compris une photo d'expert, un titre convaincant et un aperçu précis qui présente votre maîtrise et votre offre.

En outre, connectez-vous efficacement à votre réseau LinkedIn en partageant des contenus importants, en participant à des conversations de groupe et en contactant de nouveaux contacts. Utilisez les points forts de la recherche et des propositions de LinkedIn pour reconnaître et interagir avec des experts qui partagent vos inclinations, vos compétences ou vos objectifs professionnels, et influencez les éléments d'information et InMail de LinkedIn pour démarrer des discussions et établir des liens.

Outre LinkedIn, il existe de nombreuses autres étapes et dispositifs d'organisation Internet qui peuvent vous aider à développer votre organisation et à vous connecter avec des experts similaires. Des discussions compétentes, des réseaux explicites dans l'industrie et des occasions d'administration de systèmes virtuels offrent des opportunités de rencontrer des pairs, de partager des connaissances et de nouer des associations avec des experts dans votre domaine. Enquêtez sur ces étapes et participez à des conversations, clarifiez les problèmes urgents et proposez votre maîtrise pour établir de bonnes bases pour vous-même en tant qu'individu important de la région.

De plus, influencez les plateformes de divertissement sur le Web comme Twitter, Facebook et Instagram pour étendre votre présence sur Internet et vous associer à des experts au-delà de votre organisation à proximité. Partagez des informations sur votre travail, rencontrez des puissances du secteur et des pionniers de la pensée, et participez à des discussions importantes pour renforcer votre visibilité et attirer de nouvelles associations.

De plus, envisagez d'utiliser des appareils et des étapes d'organisation d'Internet pour mettre en valeur vos compétences et une rédaction d'autorité soigneusement étudiée pour un blog, un podcast ou un contenu vidéo. Créez et proposez des contenus importants qui montrent votre perspicacité, vos expériences et vos points de vue sur des points pertinents pour votre industrie ou votre domaine, et associez-vous à votre public pour encourager les discussions et établir des liens.

Dans cette partie, nous examinerons les différents appareils et étapes d'administration de systèmes Web accessibles aux experts, en donnant des conseils et des procédures viables pour utiliser ces appareils pour développer votre organisation, établir des connexions et faire progresser vos propres objectifs. En adoptant les appareils d'administration de systèmes basés sur le Web comme élément de votre méthodologie d'administration de systèmes, vous ouvrirez de nouvelles portes ouvertes pour le développement, la coopération et le progrès dans votre vocation.

| 5 |

Chapitre 5 : Développer votre expertise

Reconnaître vos sujets spécialisés

La création de la maîtrise commence par une compréhension raisonnable de vos atouts, de vos capacités et de vos zones d'information. Trouvez l'occasion de considérer vos rencontres d'experts, vos bases scolaires et vos intérêts individuels pour reconnaître les régions dans lesquelles vous réussissez et avez une compréhension profonde. Pensez aux courses ou aux entreprises pour lesquelles vous réussissez bien, recevez des critiques positives ou présentez une inclination caractéristique.

En outre, recherchez l'avis d'associés, de tuteurs et de compagnons pour acquérir des expériences sur vos atouts et vos régions de développement. Demandez leur point de vue sur vos capacités, vos informations et vos engagements, et utilisez leurs critiques pour approuver et affiner votre auto-évaluation. De plus, dirigez l'examen et rassemblez des données sur les modèles, les avancées et les améliorations émergents dans votre industrie ou domaine afin de distinguer les régions où vous pouvez développer votre maîtrise et rester sur le terrain.

En outre, tenez compte de vos objectifs et de vos désirs professionnels tout en reconnaissant vos sujets spécialisés. Quels métiers ou postes recherchez-vous dans votre profession ? Quelles capacités ou régions d'information sont fondamentales pour progresser dans ces emplois ? En ajustant vos sujets à vos objectifs professionnels, vous pouvez vous concentrer sur le développement des capacités et des informations qui vous mèneront vers vos résultats idéaux.

Dans cette partie, nous approfondirons la manière la plus courante de distinguer vos sujets, en vous proposant des activités et des procédures fonctionnelles pour vous aider à acquérir lucidité et confiance en vos atouts et capacités. En vous créant l'opportunité de distinguer et d'utiliser vos sujets, vous établirez les bases pour devenir une puissance perçue et un pionnier dans votre domaine.

Acquisition constante et amélioration de l'expertise

Dans le monde actuel en évolution rapide, la maîtrise n'est certainement pas un état statique mais un cycle unique qui nécessite une maîtrise progressive et une amélioration de l'expertise. Pour développer la maîtrise, il est essentiel d'adopter une perspective d'apprentissage continu et la promesse d'étendre vos connaissances et d'améliorer vos capacités tout au long de votre profession.

Commencez par développer une soif d'information et une bizarrerie concernant votre domaine ou votre industrie. Restez informé des tendances, des avancées et des meilleures pratiques les plus récentes grâce aux distributions du secteur, aux sources d'information et aux portes ouvertes sur le potentiel d'amélioration des experts. Recherchez des portes ouvertes d'apprentissage qui correspondent à vos inclinations et à vos objectifs, qu'il s'agisse de rassemblements, de studios, de cours en ligne ou d'inscription à des cours en ligne ou à des programmes d'affirmation.

Concentrez-vous également sur l'amélioration des capacités dans les régions applicables à vos aptitudes et à vos objectifs professionnels. Reconnaissez les capacités et capacités vitales recherchées dans votre secteur ou domaine et trouvez des moyens proactifs d'obtenir ou d'améliorer ces capacités. Cela peut inclure la recherche de portes ouvertes de préparation ou de mentorat, la participation à des projets de test ou la recherche d'une formation ou d'accréditations de haut niveau.

De plus, adoptez une mentalité de développement qui valorise les essais et les erreurs, le cycle et le gain de la déception. Considérez les incidents et les difficultés comme des portes ouvertes au développement et à l'amélioration, et avancez-y avec polyvalence, flexibilité et désir de tirer profit de vos rencontres. Acceptez la critique comme une source importante de compréhension et d'orientation, et utilisez-la pour affiner vos capacités et travailler sur votre exposition après un certain temps.

En outre, influencez l'innovation et les appareils informatisés pour travailler avec votre projet de maîtrise et d'amélioration de l'expertise. Exploitez les étapes d'apprentissage basées sur le Web, les ressources pédagogiques et les appareils efficaces pour accéder à un contenu de premier ordre, faire équipe avec des amis et garder un œil sur votre développement vers vos objectifs d'apprentissage. Utilisez les divertissements virtuels, les rassemblements et les réseaux en ligne pour vous associer à des experts similaires, partager des expériences et échanger des idées et des meilleures pratiques.

Dans cette section, nous étudierons l'importance d'une maîtrise continue et de l'avancement des capacités dans le développement de la maîtrise, en vous donnant des méthodologies fonctionnelles et des atouts pour vous aider à rester sur le terrain et à rester impitoyable dans le monde actuel de la grande vitesse. En adoptant une perspective d'apprentissage à long terme et en vous concentrant sur l'amélioration continue de l'expertise, vous vous positionnerez comme une puissance considérée et un pionnier dans votre domaine.

Administration de la pensée et création de contenu

L'autorité de pensée joue un rôle essentiel dans l'établissement des compétences et de la validité dans votre domaine. En tant que chef d'idée, vous avez la possibilité potentielle de partager vos expériences, points de vue et maîtrise remarquables avec d'autres, vous situant ainsi comme un pouvoir et une force de confiance avec lesquels il faut compter dans votre secteur ou spécialité. L'autorité de pensée reste souvent étroitement liée à la création de contenu, car elle permet de présenter votre perspicacité et votre initiative de réflexion à un public plus large.

Commencez par distinguer des thèmes ou des régions où vous avez une compétence profonde et un point de vue exceptionnel à partager. Tenez compte de vos rencontres avec des experts, de vos intérêts de recherche et des tendances du secteur pour distinguer les points importants et opportuns qui ont un impact sur votre groupe d'intérêt. Recherchez des occasions d'offrir de nouveaux éléments de connaissances, de remettre en question la façon de penser standard ou de donner des exhortations et des réponses viables aux problèmes ou difficultés normaux dans votre domaine.

Ensuite, influencez différentes organisations et canaux de substance pour que votre autorité de réflexion soit satisfaite de votre public et partagez-la. Cela peut inclure des entrées de blog, des articles, des livres blancs, des enquêtes contextuelles, des enregistrements, des webémissions, des cours en ligne ou des mises à jour de divertissement virtuel, en fonction de vos inclinations et de vos atouts. Choisissez des arrangements de contenu qui correspondent aux inclinations et aux propensions d'utilisation de votre public, et analysez avec différents supports pour trouver ce qui s'avère le mieux pour vous.

De plus, concentrez-vous sur la création d'un contenu de qualité qui offre des avantages à votre public et montre vos aptitudes et votre gestion de la pensée. Offrez des points de vue remarquables, des expériences significatives et des conseils terre-à-terre qui répondent aux besoins, aux difficultés et aux désirs de votre public. Soyez crédible, direct et engagé dans votre contenu, en partageant des récits, des histoires et des guides individuels pour montrer vos objectifs et vous associer à votre public à un niveau humain.

De plus, attirez efficacement votre public et votre secteur d'activité grâce à votre contenu d'autorité de réflexion. Dynamisez les contributions, les remarques et les conversations sur votre contenu, et répondez gentiment et consciemment aux demandes et remarques de la foule.

Participez à des rassemblements, des rassemblements et des occasions de l'industrie pour transmettre vos compétences et vos expériences à un public plus large et interagir avec des experts similaires.

En outre, envisagez de faire équipe avec d'autres pionniers d'idées, des puissances ou des associations dans votre domaine pour améliorer votre portée et votre effet. Co-créer des articles, animer des cours en ligne communs ou participer à des conversations au sein du conseil d'administration ne sont que quelques façons d'utiliser la maîtrise globale et les organisations des autres pour améliorer vos efforts d'administration de la réflexion.

Dans cette partie, nous étudierons les normes d'initiative de pensée et de création de contenu, en donnant des conseils et des systèmes concrets pour créer et partager du contenu d'administration d'idées qui met en valeur vos compétences et définit votre crédibilité en tant que précurseur dans votre domaine. En adoptant des initiatives réfléchies et en créant des contenus convaincants, vous vous positionnerez comme une puissance et une puissance considérée, générant un impact et un engagement significatifs au sein de votre secteur ou de votre spécialité.

Validité et autorité du bâtiment

La crédibilité et l'autorité sont des éléments fondamentaux de l'aptitude, qui façonnent la façon dont les autres voient et font confiance à votre perspicacité, vos capacités et vos connaissances. Construire la validité et l'autorité nécessite un travail conscient et constant pour établir une position de maîtrise, de compétence impressionnante et d'honnêteté dans votre domaine.

Une méthode pour renforcer la validité et l'autorité consiste à acquérir une expérience et des capacités significatives grâce à un travail impliqué, à la recherche ou à une préparation concentrée. Recherchez des opportunités d'élargir vos connaissances et vos capacités dans votre domaine, que ce soit grâce à une expérience pratique, une formation de haut niveau ou des programmes d'amélioration d'experts. En faisant preuve de capacités et d'aptitudes dans votre domaine, vous gagnerez la confiance et l'appréciation de vos compagnons, associés et clients.

En outre, l'acquisition d'accréditations ou de certifications peut également améliorer votre crédibilité et votre autorité dans votre domaine. Envisagez de rechercher des accréditations ou des missions d'experts qui sont perçues et considérées dans votre secteur, car elles constituent une preuve substantielle de votre maîtrise et de votre obligation d'un apprentissage cohérent et d'une tournure experte des événements. Présentez clairement vos accréditations et qualifications dans votre CV, votre profil LinkedIn et d'autres profils d'experts pour renforcer votre validité et vos aptitudes auprès d'autres personnes.

De plus, présentez vos aptitudes et votre engagement minutieux en matière d'administration, de composition ou d'éducation. Parler lors de réunions, de studios ou d'événements industriels vous permet de transmettre vos idées et vos expériences à un public plus large et d'établir une bonne base pour vous-même en tant qu'autorité informée. De plus, la rédaction d'articles, d'entrées de blog ou de livres blancs sur des sujets applicables à votre domaine montre votre initiative de réflexion et votre capacité à d'autres personnes. Éduquer ou donner des cours particuliers à d'autres personnes dans votre domaine renforce également votre validité et votre autorité, car cela attend de vous que vous verbalisiez votre point de vue et que vous guidiez les autres dans leur apprentissage et leur amélioration.

En outre, recherchez efficacement les opportunités d'ajouter à votre industrie ou à votre région experte par le biais d'un effort humanitaire, d'une association de conseils ou de postes d'autorité dans des associations compétentes. En participant efficacement aux initiatives de l'industrie et en apportant votre aptitude à l'ensemble des efforts, vous améliorerez votre visibilité, votre crédibilité et votre impact dans votre domaine.

Dans cette section, nous étudierons les systèmes permettant de renforcer la validité et l'autorité dans votre domaine, en vous donnant des conseils et des expériences raisonnables pour vous aider à vous positionner en tant que maître et pionnier de confiance. En vous concentrant sur le renforcement de la validité et de l'autorité, vous renforcerez votre propre image et vous positionnerez pour progresser dans votre profession.

S'organiser avec des amis et des puissances de l'industrie

S'organiser avec des partenaires et des puissances de l'industrie est une technique importante pour élargir vos connaissances, acquérir des expériences et établir des liens qui contribuent à votre amélioration continue en tant que spécialiste. En vous associant à d'autres personnes dans votre domaine, vous pouvez accéder à de nouveaux points de vue, rester informé des dérives de l'industrie et faire équipe sur des projets ou des initiatives qui font progresser votre maîtrise et votre vocation.

Commencez par reconnaître les personnes et associations clés de votre secteur ou spécialité que vous appréciez et respectez. Ceux-ci peuvent inclure des pionniers d'idées, des puissances, des tuteurs, des partenaires ou des associations qui prennent des engagements critiques dans votre domaine. Utilisez les étapes d'organisation sur Internet, les événements de l'industrie et les relations d'experts pour vous associer à ces personnes et commencer à établir des associations avec elles.

Tout en administrant des systèmes avec des amis et des puissances de l'industrie, évoluez vers des collaborations avec des perspectives certifiables et réelles. Essayez d'établir des relations généralement avantageuses à la lumière de la confiance, du respect et des intérêts partagés. Trouvez des opportunités de découvrir le travail et les réalisations de vos associations, et recherchez des occasions de leur donner de la valeur ou de les soutenir en échange .

En outre, impliquez-vous efficacement dans votre organisation en participant aux conversations de l'industrie, en partageant des informations et en offrant de l'aide ou des conseils si nécessaire. Apportez vos capacités et vos points de vue aux discussions et aux discussions, et soyez disponible pour bénéficier d'autres personnes qui ont des rencontres ou des perspectives diverses. En captivant efficacement votre organisation, vous montrerez votre engagement envers votre domaine et vous positionnerez comme une personne importante et considérée de la région.

Recherchez également des opportunités potentielles de faire équipe avec des partenaires et des puissances de l'industrie pour des projets, des explorations ou des projets qui correspondent à vos compétences et à vos intérêts. Les efforts de coopération élargissent votre organisation et donnent des chances potentielles de tirer profit des autres, d'échanger des idées et de créer de l'estime ensemble. Rechercher des moyens d'utiliser les atouts, les atouts et les organisations de chacun pour atteindre des objectifs et des cibles communs.

En outre, restez informé des événements, des réunions et de l'administration des systèmes de l'industrie, d'incroyables portes ouvertes où vous pourrez vous associer face à face avec des compagnons et des puissances de l'industrie. Participez à des rassemblements, des studios ou des événements d'administration de systèmes pertinents dans votre domaine et profitez au maximum des occasions de rencontrer et de vous connecter avec d'autres personnes en participant. Soyez proactif en entamant des discussions et en établissant des associations avec de nouveaux contacts, et revenez vers eux peu de temps après pour suivre l'évolution de l'association.

Dans cette partie, nous étudierons l'importance de l'administration des systèmes avec des partenaires et des puissances de l'industrie pour favoriser vos aptitudes, en donnant des conseils et des procédures terre-à-terre pour établir et maintenir des connexions qui contribuent à votre développement et à votre amélioration continus en tant que spécialiste. En administrant des systèmes avec des amis et des puissances de l'industrie, vous développerez vos connaissances, acquerrez des expériences importantes et créerez de sérieux points forts pour une organisation qui améliore votre maîtrise et vos réalisations professionnelles.

Conclusion:

Récapitulatif des enjeux centraux

Alors que nous clôturons notre excursion à travers « 10 étapes vers une marque individuelle forte : se démarquer et réussir », il est fondamental de considérer les questions centrales que nous avons abordées tout au long de ce livre. Nous avons étudié les normes essentielles du marquage individuel, en soulignant l'importance de la validité, de la clarté et de la cohérence pour façonner votre personnalité. Nous avons examiné l'importance de l'administration des systèmes et du travail relationnel pour étendre votre organisation, accéder à de précieuses portes ouvertes et obtenir le soutien de partenaires et de coachs. De plus, nous avons présenté la valeur d'une maîtrise incessante et d'un avancement des capacités pour développer les aptitudes et rester impitoyable dans le monde actuel en évolution rapide. De plus, nous avons plongé dans les systèmes permettant de renforcer la crédibilité et l'autorité dans votre domaine, notamment l'acquisition d'une expérience significative, l'obtention d'accréditations et la démonstration de votre maîtrise grâce à l'administration de la pensée et à la création de contenu. En l'obtenant et en appliquant ces questions centrales, vous serez en mesure de construire une marque individuelle forte, de vous démarquer du groupe et de prévaloir dans vos propres entreprises.

Considérez la conscience de soi

Lorsque vous arrivez à la fin de ce livre, faites une pause une minute pour réfléchir à votre projet de conscience de soi. Réfléchissez à la façon dont vous pourriez interpréter la notation individuelle, l'organisation, l'avancement des compétences et le renforcement de la crédibilité qui se sont développés tout au long des parties. Réfléchissez aux expériences que vous avez acquises, aux capacités que vous avez acquises et aux progrès significatifs que vous avez réalisés pour améliorer votre propre image et vos compétences.

Réfléchissez aux difficultés que vous avez rencontrées en route et à la manière dont vous les avez surmontées. Considérez les moments décisifs et la motivation qui ont propulsé votre avancement, ainsi que les illustrations tirées des incidents et des obstacles. Percevez le développement et le changement que vous avez rencontrés en raison de votre obligation de conscience de soi et de croissance personnelle.

Réfléchissez également aux régions dans lesquelles vous avez pris des mesures critiques et aux régions où il reste encore de la place pour le développement. Distinguez les lacunes dans votre perspicacité ou vos capacités que vous pourriez vouloir combler pour aller de l'avant et proposez des objectifs pour une tournure supplémentaire des événements et des améliorations. Embrassez l'excursion du développement et de l'avancement persistants, en réalisant que l'amélioration individuelle et experte est une quête de longue durée.

Enfin, félicitez vos réalisations et reconnaissez les progrès que vous avez réalisés au cours de votre voyage vers la construction d'une marque et d'une maîtrise individuelles fortes. Percevez la valeur de vos atouts, capacités et rencontres extraordinaires, et considérez-les comme des ressources clés pour former votre personnalité et atteindre vos objectifs. En réfléchissant à votre développement personnel et en adoptant les illustrations apprises, vous serez mieux préparé à poursuivre votre excursion avec lucidité, raison et certitude.

Obligation de procéder au développement

Alors que vous terminez votre enquête sur la notation individuelle et l'avancement de la maîtrise, il est urgent de réaffirmer votre obligation de procéder au développement et à la croissance personnelle. La notation et les compétences individuelles ne sont pas des réalisations statiques mais plutôt des processus progressifs qui nécessitent un engagement, une détermination et un désir de s'adapter au changement.

Concentrez-vous sur le maintien d'une perspective de développement, en acceptant les difficultés comme des portes ouvertes à l'apprentissage et au développement. Restez ouvert à de nouvelles pensées, points de vue et rencontres qui peuvent élargir vos points de vue et développer vos aptitudes. Soyez proactif dans la recherche de portes ouvertes pour le développement et l'avancement, que ce soit par le biais d'une formation supplémentaire, d'une préparation compétente ou d'une expérience active.

De plus, concentrez-vous sur le soin de vous-même et sur la prospérité en tant qu'éléments fondamentaux de votre processus de développement. Gérez votre bien-être physique, mental et proche de votre domicile et établissez un climat stable qui encourage votre propre tournure des événements. Entourez-vous d'impacts positifs, recherchez l'aide d'entraîneurs et de compagnons et concentrez-vous sur des exercices qui vous soutiennent tout entier.

De plus, ressentez un sentiment de force et de polyvalence malgré les difficultés et les malheurs. Percevez que les difficultés sont un élément caractéristique de l'interaction de développement et utilisez-les comme des portes ouvertes pour apprendre, se développer et passer au niveau suivant. Développez le courage nécessaire pour dépasser votre champ de familiarité habituel, poursuivez des plans d'action potentiellement dangereux et recherchez de nouvelles portes ouvertes qui élargissent vos capacités et élargissent vos points de vue.

De plus, restez associé à vos propres organisations compétentes, en utilisant leur aide, leur direction et leur consolation pendant que vous explorez votre processus de développement. Partagez vos objectifs, vos envies et vos difficultés avec des guides et accompagnateurs de confiance, et recherchez leur recommandation et leur point de vue si nécessaire. Travaillez avec d'autres personnes qui partagent vos intérêts et vos valeurs, et cultivez des liens qui contribuent à la tournure continue des événements et à vos réalisations.

Dans l'ensemble, concentrez-vous sur une excursion de longue durée de développement, de révélation de soi et de croissance personnelle. Acceptez les difficultés et les portes ouvertes potentielles qui se présentent à vous et restez cohérent avec votre vision et vos valeurs tout en vous efforçant de fabriquer une marque individuelle forte et une maîtrise qui vous sépare et vous pousse vers vos objectifs.

Avec du dévouement, de la constance et la garantie de poursuivre le développement, les opportunités de réussite individuelle et experte sont illimitées.

Renforcement et certitude

En réfléchissant à votre excursion à travers « 10 étapes vers une marque individuelle forte : se démarquer et réussir », ressentez un sentiment de renforcement et de confiance en vos capacités et votre potentiel. Percevez les nouvelles qualités, capacités et rencontres qui vous caractérisent et vous mettent à l'écart des autres. Faites confiance à vos capacités à façonner votre propre image, à développer vos capacités et à atteindre vos objectifs.

Ayez confiance en vous et en votre capacité à obtenir un résultat bénéfique dans votre propre vie. Acceptez votre validité et votre distinction, en réalisant que votre point de vue et votre voix uniques auront un impact sur les autres et vous ouvriront de précieuses portes ouvertes. Défendez vos convictions et vos valeurs et laissez-les guider vos activités et vos choix alors que vous explorez votre excursion vers le progrès.

En outre, développez une mentalité de confiance et de force malgré les difficultés et les malheurs. Comprenez que les malheurs sont de brefs obstacles qui ouvrent les portes au développement et à l'apprentissage. Faites confiance à votre capacité à vaincre l'affliction, à vous adapter au changement et à ressortir plus ancré et plus fort du côté opposé.

De plus, entourez-vous d'une organisation stable de tuteurs, d'amis et de partenaires qui ont confiance en vos véritables capacités et qui vous soutiennent en cours de route. Recherchez des coachs qui peuvent vous offrir orientation, intelligence et soutien dans la poursuite de vos objectifs et de vos buts. Établissez des associations avec des pairs qui partagent vos intérêts et vos valeurs, et félicitez-vous mutuellement de vos victoires et de vos réalisations.

De plus, assumez la responsabilité de votre marque et de vos compétences individuelles, et réfléchissez à la manière dont vous vous présentez au monde. Créez une histoire convaincante qui présente vos atouts, vos réalisations et vos objectifs extraordinaires. Soyez fort en partageant votre histoire et votre vision aux autres, et laissez votre certitude et votre enthousiasme rayonner dans tout ce que vous faites.

Dans l'ensemble, ressentez un sentiment de renforcement et de certitude alors que vous vous lancez dans votre excursion vers la construction d'une marque et de compétences individuelles fortes. Ayez confiance en vous et en vos capacités, et laissez votre validité et votre énergie vous guider vers le progrès. Avec certitude, assurance et confiance en vous, vous avez la capacité d'accomplir tout ce dans quoi vous mettez votre énergie.

Source d'inspiration

Alors que vous clôturez la dernière section de « 10 étapes vers une marque individuelle forte : se démarquer et réussir », c'est le bon moment pour y transformer la réflexion. Prenez les informations, les expériences et les méthodologies que vous avez acquises dans ce livre et appliquez-les dans votre vie quotidienne avec un objectif et une raison.

En premier lieu, proposez des objectifs sans ambiguïté et quantifiables pour votre propre projet de notation et d'amélioration des compétences. Qu'il s'agisse d'affiner votre image de personnalité, de développer votre organisation ou d'acquérir de nouvelles capacités, caractérisez évidemment par vous-même à quoi ressemble la réussite et établissez un guide pour atteindre vos objectifs.

Ensuite, faites des progrès remarquables vers vos objectifs en exécutant les procédures et les stratégies illustrées dans ce livre. Construisez votre propre image en créant une histoire convaincante, en affinant votre présence sur Internet et en affichant votre maîtrise grâce à des initiatives réfléchies et à la création de contenu. Développez votre organisation en captivant efficacement les amis et les puissances de l'industrie, en participant à des événements d'administration de systèmes et en recherchant des portes ouvertes précieuses en matière de mentorat.

De plus, concentrez-vous sur l'acquisition constante et l'amélioration de vos capacités pour développer votre aptitude et rester au top dans votre domaine. Investissez des ressources dans l'avancement des compétences, des portes ouvertes incroyables, recherchez des tuteurs et des mentors et restez informé des modèles émergents et des meilleures pratiques dans votre secteur.

Concentrez-vous également sur le renforcement de la crédibilité et de l'autorité dans votre domaine en acquérant une expérience importante, en obtenant des accréditations et en contribuant efficacement à votre secteur ou à votre zone d'expertise locale. Établissez une bonne base pour vous-même en tant que maître de confiance et pionnier soigneusement réfléchi de vos activités, de vos paroles et de vos engagements dans votre domaine.

Rappelons par ailleurs que la notation individuelle et la progression des compétences sont des processus évolutifs qui nécessitent engagement, rigueur et polyvalence. Restez concentré sur votre processus de développement et tournez, répétez et continuez à droite au cas par cas en cours de route.

Dans l'ensemble, sautez sur l'occasion d'amener votre propre notation et amélioration de vos aptitudes à un niveau supérieur en plaçant les expériences et les systèmes de ce livre dans la formation. Sérieusement, centré et engagé dans une amélioration continue, vous avez la capacité de créer une marque individuelle forte, de vous démarquer du groupe et de réaliser vos fantasmes les plus hors du commun. Alors avancez avec certitude et laissez un héritage !